Winnie Jakob

Karajan con variazioni

SERIE MUSIK
PIPER · SCHOTT
Band 8270

Über dieses Buch

Der im vergangenen Jahr verstorbene Herbert von Karajan war schon zu Lebzeiten eine Legende. Trotz seines Ruhmes war er nicht unumstritten – doch ist dies für diese Sammlung von Karikaturen naturgemäß kein Gegenstand. Vielmehr soll sie einen Eindruck davon vermitteln, wie die bekannte Karikaturistin Winnie Jakob, unter dem Kürzel »WIN« bekannt, über Jahrzehnte hinweg Karajan bei den Salzburger Festspielen gesehen hat – mit ausdrücklicher Billigung des Maestro. Darüber hinaus lernt man musikalische Mitstreiter und Konkurrenten durch die »Brille der Karikatur« kennen: ein vergnüglicher Streifzug durch die Welt der Salzburger Festspiele mit ihren Stars von Pult und Bühne.

Winnie Jakob, geboren in Reichenberg/Böhmen, Grafik- und Klavierstudium. Freischaffende Künstlerin in Wien, u. a. für den Wiener *Kurier,* die *Wiener Zeitung* und den *ORF*.

Winnie Jakob

Karajan con variazioni

Der Maestro und die Musikwelt
in seinem Schatten

Karikaturen und Zeichnungen

Mit einem Prolog von Hans Weigel

Schott Mainz · Piper München

SERIE MUSIK
PIPER · SCHOTT

ISBN 3-7957-8270-8 (Schott)
ISBN 3-492-18270-4 (Piper)
Originalausgabe Mai 1990

Umschlag: Federico Luci
Satz: Femoset Satz + Repro GmbH, Wiesbaden
Druck und Bindung: Clausen & Bosse, Leck
Printed in Germany

Inhalt

Prolog

Unser überaus optisches Zeitalter wird von späteren Betrachtern (falls es solche geben wird) unter anderem als ein Zeitalter der Karikatur bezeichnet werden. Der Einbruch der Karikatur in unser Weltbild wird, scheint mir, nicht mit der gebührenden Aufmerksamkeit wahrgenommen und analysiert. Die Gestalten der bedeutenden Staatsmänner etwa prägen sich dem Bewußtsein der Zeitgenossen längst vorwiegend in jener Form ein, die politische Karikaturisten ihnen verleihen; und das hat seine problematischen Folgen: De Gaulle war groß, Chruschtschow war rundlich, und wenn selbst der Inhalt einer politischen Karikatur bedenklich und ängstlich stimmen sollte, wog doch ihre Form, die uns lächeln ließ, die grausame Botschaft auf.

Wie anders wirken da die karikierten Künstler auf mich ein! Ihnen wird in der Vereinfachung, in der charakteristischen Verdichtung das Äußeren kein unrichtiges Gewicht verliehen und Bedeutung weder zu Unrecht aberkannt noch zuerkannt. Sie werden ganz ernst genommen und nur insoweit ironisiert, als es ihnen gebührt und ihrer Geltung keinen Abbruch tut.

Wenn die Kunst eines legitimen Karikaturisten sich dem Äußeren eines Künstlers stellt, entsteht Kunst zum Quadrat, doch diese Kunst ist (zum Unterschied von den Legionen prominenter politischer Karikaturisten) nur bei ganz wenigen Zeitgenossen und Zeitgenossinnen auf der entsprechenden Höhe. Zu ihnen ist primo loco jene Dame zu zählen, die sich WIN nennt und kurzlebige Zeitungspapiere ebenso wie etwas längerlebige Bücher mit ihren Köpfen und Gestalten ziert, die in ihrer Summe ein graphisches Diarium der Künste ergeben, das sich sehen lassen kann.

Wer diese WIN auf einer Hauptprobe im Theater oder Orchesterprobe im Konzertsaal beobachtet, gewinnt aufschlußreiche Zugänge zum Geheimnis des Porträtierens. WIN protokolliert, sie schreibt Menschen mit. Sie schaut auf Künstler und sieht dabei a tempo, was aus ihnen für sie herausschaut.

Sie übertreibt nicht, wie es dem Karikaturisten zukommt. Sie räumt ab. Sie unterspielt. Sie nimmt so viel weg, bis das Ganze übrig bleibt. Sie macht sich nicht (wie der Karikaturist) über die oder den, die oder den sie hernimmt, lustig; sie macht sich ernsthaft über sie und über ihn. Sie trifft ihn und sie, wie Freunde einander treffen. Sie zeichnet hochachtungsvoll. Und doch zeichnet auch sie die Wahrheit in die Gesichter. Sie sieht drei Dimensionen (wenn nicht vier) und reduziert sie „augenblicklich" in einem bewundernswerten Vorgang auf eine charakteristische Linie. Eine photographische Kamera hält nur einen Augenblick zweidimensional fest.

WIN ist mehr als eine Karikaturistin. Anläßlich einer Ausstellung habe ich sie einmal als Karika-Hochtouristin gerühmt, weil sie so sehr über dem Äußeren dessen steht, den sie verewigt.

Angesichts einer wohlgeratenen Karikatur – wie ihrer viel in diesem Band versammelt sind – wird mir wieder einmal die Inferiorität aller mechanisch-technischen Personendarstellungen deutlich, die Photographie, Film, Fernsehen zu unternehmen versuchen. Hier, nicht dort, findet Kunst statt. Hier zeigt ein Mensch mit den Mitteln des Menschen einen Menschen, wie er ihn sieht, gesegnet vom ehrlichsten, subjektiven „Wie ich es sehe", nicht vom sogenannten Objektiv.

Dieses Buch ist keine Biographie des im Frühjahr 1989 über achtzigjährig verstorbenen Musikers Herbert von Karajan, geboren in Salzburg, gestorben in Salzburg.

Er war so vielfältig; die Tätigkeit des Dirigenten war nur eine Facette seiner Aktivitäten, er inszenierte, er leitete Häuser, veranstaltete Festspiele, und ich rede gar nicht von seinen aviatischen und automobilistischen Interessen, von seinen Forschungen auf dem Gebiet der Musikwiedergabe, von seinem Interesse am Nachwuchs. Und diese Aufzählung ist gewiß oberfächlich. Als Jean Cocteau in Wien war, dolmetschte Herbert von Karajan bei einer Pressekonferenz, und sein Französisch war exzellent.

Eine der zahlreichen Karajan-Anekdoten berichtet, daß er in ein Taxi sprang, und als der Chauffeur fragte: „Wohin", sagte er: „Egal, man braucht mich überall."

Dies ist ein Schlüssel-Witz, sofern er nicht nur die Opernhäuser und Konzertsäle betrifft, sondern auch alles andere rundherum. Er war unermüdlich, er war rastlos, ruhelos, er rang um die Perfektion auf sehr vielen Gebieten, er ließ sie nicht, sie segnete ihn denn.

Er dirigierte auch. Nicht nebenbei, sondern so professionell, wie er alles leistete. Er war das Gegenteil eines Musikanten. Aber er war auch kein Schulmeister. Er war das Absolute. Beim Dirigieren inspirierten ihn Schwierigkeiten, entzündete ihn Unvorhergesehenes.

Denn wie lebt man ein Dirigentenleben, wenn man im voraus genau weiß, wie jede Kleinigkeit jedes Werks stattfinden wird? Er beherrschte sein Metier als absoluter Monarch. Er war Caesar; doch wenn eine Sängerin oder ein Sänger einsprang, wurde er zum gütigen Vater.

Ob er auch sonst ein Liebender gewesen ist, vermag ich nicht zu sagen. Liebe erfüllt sich nicht in der Perfektion, und er war in der Perfektion zuhause.

Ich weiß nicht, ob er Beethoven liebte, ob er Brahms liebte, ob er Wagner liebte, ich weiß nicht einmal, ob er Mozart liebte. Und ich weiß von einer späten Liebe des Achtzigjährigen, die sich in einem Neujahrskonzert der Wiener Philharmoniker manifestierte und in einem auf dieses Konzert bezüglichen Interview im Österreichischen Fernsehen.

Ich werde den großen, himmlisch langsamen Strauß-Walzer und Karajans seliges Gesicht am Pult, und ich werde den Ton nicht vergessen, in dem er sagte: „Walzer". Er wurde eins mit seiner Kindheit, seiner Jugend, das Einfache war das Höchste, wieder wie einst, der Kreis schloß sich.

Als er alt geworden war, kam eine letzte große Herausforderung über ihn, seine Behinderung an der Wirbelsäule. Da mußte er nicht auf einen mangelhaft disponierten Mitwirkenden, sondern auf seine mangelhaft disponierte Physis Rücksicht nehmen. Er gab nicht auf, er stand zu seiner Invalidität. Ein alter Mann humpelte mühsam an das Pult, und dort war er dann Caesar oder der gute Vater, oder an jenem Neujahrsmorgen der kleine Bub, der sich an den Walzern labte.

Er wurde viel bewundert und viel gescholten. Aber das ist hier nicht mein Thema. Mein Thema ist dieses Buch, das ja doch eine Biographie des Dirigenten Herbert von Karajans ist. Und weil sie ihn in den Jahren seines Schaffens begleitet haben, sollen auch seine Dirigentenkollegen, die Pianisten und Geiger, seine Regisseure und vor allem die Sänger und Sängerinnen, mit denen gemeinsam er seinem Publikum unvergeßliche Erlebnisse bereitet hat, hier ihren Platz finden. Sie alle sind Maestri, schwarz-weiß auf Papier gebracht von einer Maestra.

Hans Weigel

Einige Erinnerungen an meine Gezeichneten

Es war eine ganz außergewöhnliche Pressekonferenz im verregneten Salzburger Festspielsommer 1959, bei der sich gleich drei der berühmtesten Dirigenten auf einmal der Festspielpresse stellten: Karl Böhm, Herbert von Karajan und Dimitri Mitropoulos.

Es war meine erste Pressekonferenz, und ich saß da mit meinem Block und zeichnete und zeichnete …, und tags darauf erschien meine erste Zeichnung im „Wiener Kurier": Karl Böhm. Von da an wurde ich Zeichnerin berühmter Persönlichkeiten.

Jahre später, als ich ihm zu seinem 85. Geburtstag gratulierte – ich war eine Art „Hauszeichnerin" von ihm geworden –, dankte Böhm mir in seiner „grantelnden" Art mit den Worten: „Seitdem S' mi karikieren, bekomm' ich keinen einzigen Heiratsantrag mehr!"

Einige der von mir Gezeichneten fürchteten, ihre Nase könne zu groß geraten. Nur der Bassist Martti Talvela, der finnische Hüne mit der Stupsnase, bat mich: „Bitte, machen Sie mir Nase nicht zu klein!"

Die Mehrzahl meiner Zeichnungen entstand in Proben, einige in Konzerten und Opernaufführungen und oft unter den widrigsten Umständen, wenn zumeist Subalterne versuchten – manchmal sogar mit Gewalt –, mich an meiner Tätigkeit zu hindern.

Die meisten Dirigenten erlaubten mir, bei den Proben dabei zu sein. Leonard „Lennie" Bernstein ist da besonders großzügig. Nur von Otto Klemperer hörte ich ein barsches „Nein!" Das hinderte mich nicht, ihm im Wiener Musikverein durch das sogenannte „Guckerl" – ein Guckloch in der Tür zum Orchesterraum – zu beobachten und zu zeichnen.

Einer der Faszinierendsten war der gebürtige Grieche Dimitri Mitropoulos. Sein Gedächtnis war einmalig. Er wußte nicht nur jede Stelle der Partitur auswendig, sondern, nach nur einmaligem Aufsagen, alle Namen der Orchestermitglieder. Er dirigierte temperamentvoll mit seinem ganzen Körper. Er machte fantastische Sprünge und landete in einer Kniebeuge. „Wenn ich mache Sprung, so ist das Effekt!" rief er den Wiener Philharmonikern zu, als er Debussys „La Mer" in der Salzburger Felsenreitschule probte.

Bei Herbert von Karajan machte mir in den sechziger Jahren nur seine „ständige Begleiterin" das Leben schwer und wollte mich nicht in den Proben dulden. Eine etwas wunderliche, bunt und bizarr gekleidete, uralte kleine Dame mit blondem Lockenkopf und Federhut. Mrs. Maxwell, eine Engländerin und dem Sagen nach steinreich, reiste bereits Bruno Walter nach, ehe sie Herbert von Karajan folgte und das Privileg der Probenbesuche erhielt. Schließlich akzeptierte sie dann doch meine Probenpräsenz als Zeichnerin.

Mrs. Maxwell lebt schon lange nicht mehr. Ihr ganzes Vermögen vermachte sie den Wiener Philharmonikern mit der Auflage, einmal im Jahr eine Mahler-Sinfonie aufzuführen.

Heute hat es die Zeichnerin leichter. Das Fernsehen liefert ihr die Modelle quasi ins Haus. Dennoch ziehe ich die unmittelbare, unverwechselbare, erlebnisreiche Atmosphäre der Konzertsäle, der Festspiel- und Opernhäuser vor.

Wie den Zugvogel im Herbst nach dem Süden, zieht es mich im Sommer magisch nach Salzburg, nach dem Ort meiner Schwarz-weiß-Zeichnungen, denn auch Salzburg zeichnet schwarz-weiß: Es läßt einen lieben, und es läßt einen leiden. Bis es zur Haßliebe wird. Doch am Ende ist die Liebe stärker.

Winnie Jakob

Herbert von Karajan bei den Salzburger Festspielen 1985

Dirigenten

Bruno Walter bei einer Probe mit den Wiener Philharmonikern,
Großer Musikvereinssaal, Wien, 29.5.1960

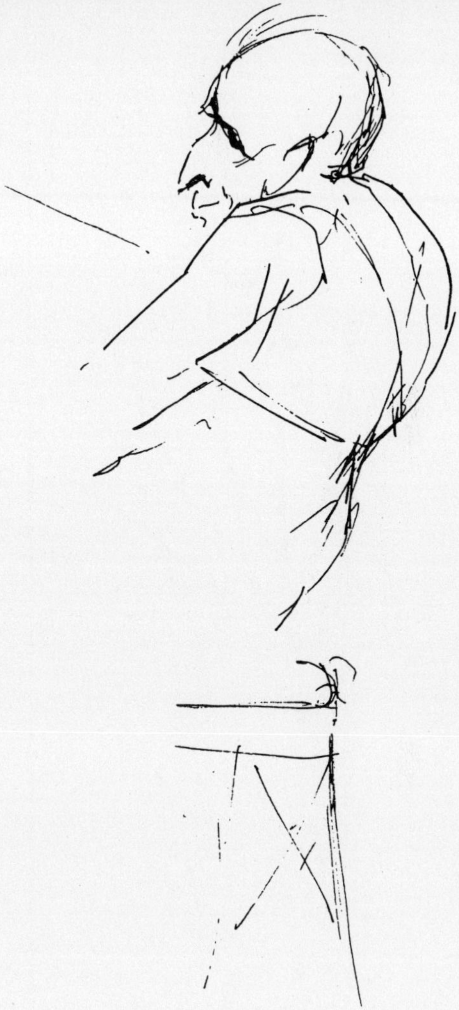

Carl Schuricht, Großes Festspielhaus Salzburg, 5.8.1964

Hans Knappertsbusch, Wiener Philharmoniker,
Großer Musikvereinssaal, 28.10.1961

Ernest Ansermet, Wiener Philharmoniker,
Großer Musikvereinssaal, 1961

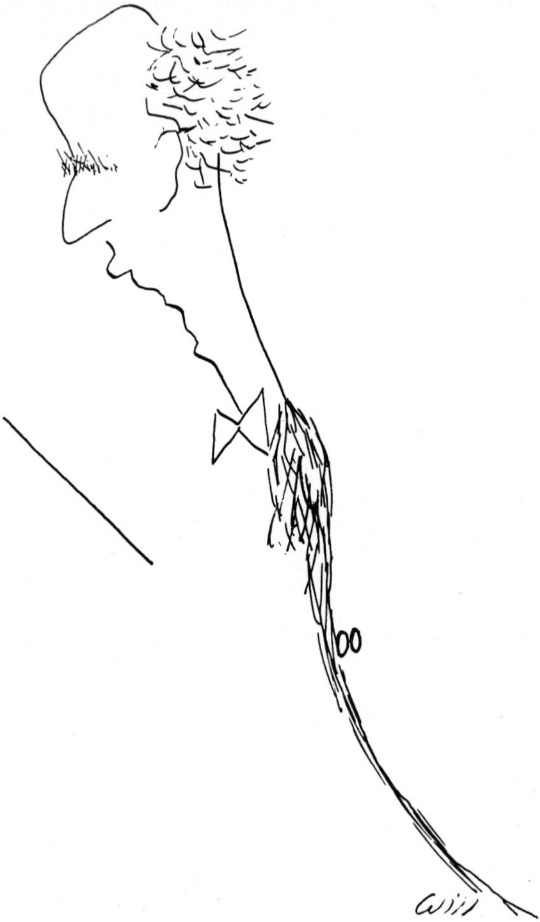

Wilhelm Furtwängler, posthum gezeichnet 1964

Christoph von Dohnányi, Großes Festspielhaus Salzburg

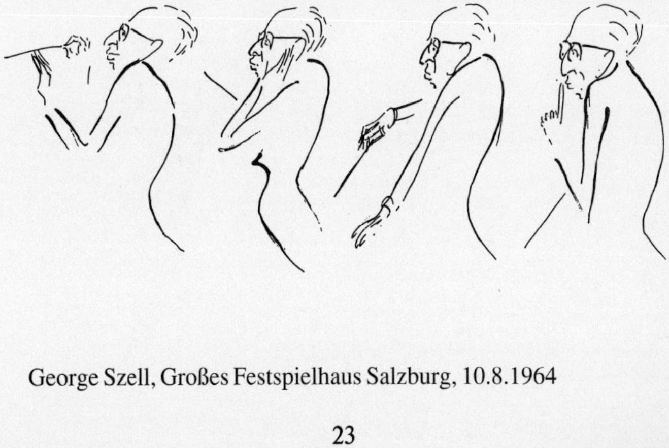

George Szell, Großes Festspielhaus Salzburg, 10.8.1964

Leonard Bernstein, Wiener Philharmoniker,
Großer Musikvereinssaal, 12.6.1967

Dimitri Mitropoulos, Salzburg, Felsenreitschule Salzburg

Otto Klemperer, Wiener Philharmoniker,
Großer Musikvereinssaal, 29.5.1960, durchs „Guckerl“ gezeichnet

Carlos Kleiber, Wiener Staatsoper 1985

Riccardo Muti, Wiener Philharmoniker,
Großes Festspielhaus Salzburg, 26.8.1984

James Levine, Wiener Philharmoniker,
Großes Festspielhaus Salzburg,

Gennadij Roschdestwenskij,
Großes Festspielhaus Salzburg, 14.8.1972

Karel Ančerl, Großes Festspielhaus Salzburg, 30.7.1963

Rafael Kubelik, Großes Festspielhaus Salzburg, 30.8.1959

André Previn, Großes Festspielhaus Salzburg, 1.8.1973

Ferenc Fricsay, Großes Festspielhaus Salzburg, 27.8.1961

Arturo Toscanini, posthum gezeichnet 1965

Karl Böhm, Mozarteum Salzburg

Karl Böhm, Großes Festspielhaus Salzburg, 3.8.1967

Joseph Keilberth, Mozarteum Salzburg, 7.8.1962

Seiji Ozawa, Großes Festspielhaus Salzburg, 24.8.1979

Leonard Bernstein, Großes Festspielhaus Salzburg, 29.8.1982

Georges Prêtre, Großes Festspielhaus Salzburg, 5.8.1966

Lorin Maazel, Großes Festspielhaus Salzburg, 30.8.1985

Sir Georg Solti, Großes Festspielhaus Salzburg, 1988

Kurt Masur, Großes Festspielhaus Salzburg, 20.8.1986

Pierre Monteux, Großer Musikvereinssaal Wien, 1961

Zubin Mehta, Großes Festspielhaus Salzburg, 3.8.1964

Bernhard Paumgartner, Erzabtei St. Peter, Salzburg

Horst Stein, Kleines Festspielhaus Salzburg, August 1986

István Kertész,
Mozarteum Salzburg, 27.7.1972

Eugene Ormandy, Großer Musikvereinssaal Wien, 1966

Sir John Barbirolli, Großer Musikvereinssaal Wien, 16.9.1965

Streicher

David Oistrach, Großer Musikvereinssaal Wien, 1962

Anne-Sophie Mutter, Großes Festspielhaus Salzburg, 15.8.1985

Wolfgang Schneiderhan, Mozarteum Salzburg, 4.8.1973

Mstislav Rostropovich, Großer Musikvereinssaal Wien, 1964

David Oistrach, Großer Musikvereinssaal Wien, 1962

Gidon Kremer, Großes Festspielhaus Salzburg, 20.8.1987

Yehudi Menuhin, Großer Musikvereinssaal Wien, 1960

Nathan Milstein, Mozarteum Salzburg, 31.7.1963

Pianisten

Svjatoslav Richter, Mozarteum Salzburg, 27.8.1964

Tzimon Barto, Kleines Festspielhaus Salzburg, 14.8.1989

Wilhelm Backhaus, Mozarteum Salzburg, 27.7.1963

Martha Argerich, Großer Musikvereinssaal Wien, ca. 1975

Rudolf Serkin, Großer Musikvereinssaal Wien, 28.5.1983

Shura Cherkassky, Mozarteum Salzburg, 6.8.1963

Wilhelm Backhaus, Mozarteum Salzburg, 27.7.1963

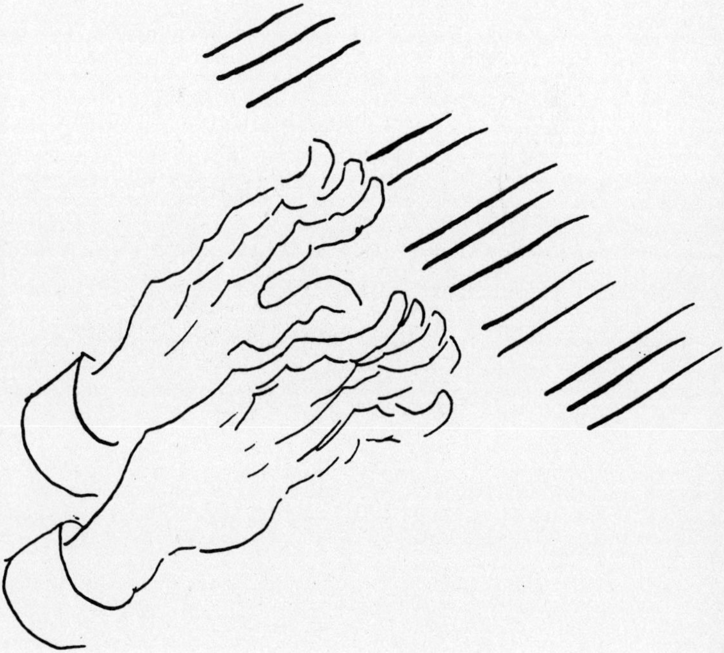

Vladimir Horowitz, Großer Musikvereinssaal Wien, 31.5.1987

Arturo Benedetti-Michelangeli,
Großer Musikvereinssaal Wien, 27.8.1964

Arthur Rubinstein,
gezeichnet während einer Fernsehsendung am 3.1.1982

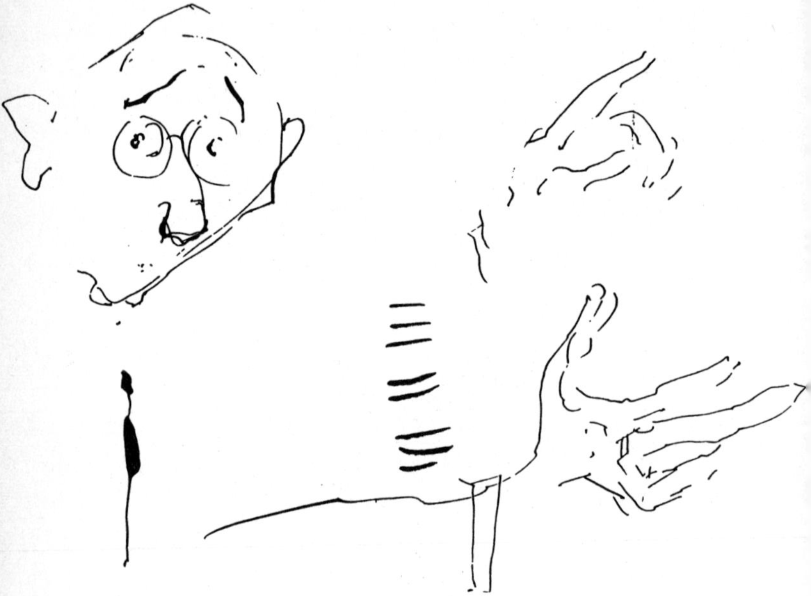

Clifford Curzon, Großes Festspielhaus Salzburg, 10.8.1964

Clara Haskil, Mozarteum Salzburg, 8.8.1957

Alfred Brendel, Großes Festspielhaus Salzburg, 2.8.1987

Komponisten

Igor Strawinsky, posthum gezeichnet 1965

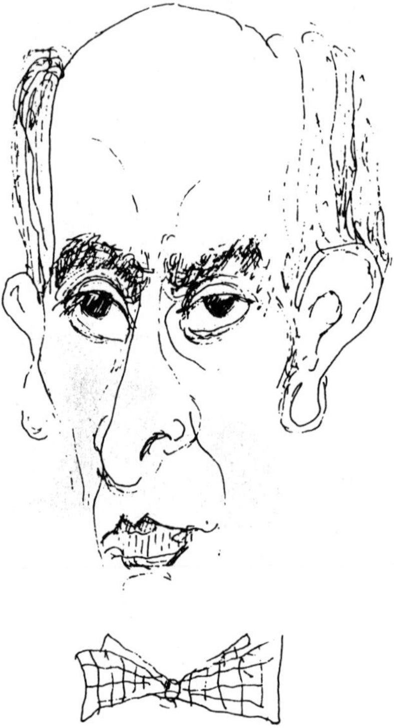

Arnold Schönberg, gezeichnet 1974
in der Gedenkausstellung, Secession, Wien

Witold Lutosławski, gezeichnet 1974
anläßlich eines Vortrags bei der Gesellschaft für Musik, Wien

Sergej Prokofjew,
posthum gezeichnet 1963

Dmitrij Schostakowitsch, Staatsoper Wien, 1964

Paul Hindemith, gezeichnet 1962 in Rom

Krzysztof Penderecki,
gezeichnet bei einer Pressekonferenz in Salzburg, 1986

Frank Martin, Großer Musikvereinssaal Wien, 17.3.1967

Friedrich Cerha,
gezeichnet bei einer Pressekonferenz in Salzburg im August 1981

Boris Blacher, Großer Musikvereinssaal Wien, 9.3.1963

Luciano Berio ("un re in ascolto")
gezeichnet bei einer Pressekonferenz in Salzburg 1984

Aram Chatschaturjan, Großer Musikvereinssaal Wien, 1962

Zoltán Kodály, gezeichnet im Hotel Bristol, Salzburg, 1962

Aaron Copland,
gezeichnet in der Gesellschaft für Musik, Wien, 1965

Darius Milhaud, posthum gezeichnet 1967

Gottfried von Einem,
gezeichnet bei einer Pressekonferenz in Salzburg, 1988

Gerhard Wimberger,
gezeichnet bei einer Pressekonferenz in Salzburg, 1984

Ernst Křenek,
gezeichnet bei einer Pressekonferenz in Salzburg, 1985

Arthur Honegger, posthum gezeichnet 1963

Herbert von Karajan –
Imperator zu Salzburg und Wien

Herbert von Karajan, 1969, Salzburger Festspielhaus

Herbert von Karajan auf einer Runde ums Festspielhaus 1965

Herbert von Karajan during concert 1972

Herbert von Karajan during rehearsal 1972

A.v.K.

Große Festspielauffahrt
zur Première des „Rosenkavalier“ 1983, Salzburg

Herbert von Karajan, Großes Festspielhaus Salzburg, 1969

Herbert von Karajan, Großes Festspielhaus Salzburg, 1986

Herbert von Karajan,
Großes Festspielhaus
Salzburg, 1960

Herbert von Karajan, Großes Festspielhaus Salzburg, 1977

Herbert von Karajan
mit Siegfrieds Schwert bei den Osterfestspielen, Salzburg 1969

Historische Begegnung Chruschtschow – Karajan
in der Wiener Staatsoper, Juni 1960

Die Heimkehr des Triumphators
an die Wiener Staatsoper 1977

Papst Johannes Paul II., „Freund“ Karajans, zieht triumphal 1988 in Salzburg ein

Orchesterprobe bei den Salzburger Osterfestspielen

Salzburger Festspielhaus 1964

Salzburger Osterfestspiele 1969

Wunschtraum fast eines jeden echten Österreichers: Karajan – Lipizzaner – Sängerknabe an der Wiener Staatsoper, 1977

STAATSOPER

BERLINER
PHILHARMONIE

Der Todesstoß oder die causa Sabine Meyer, 1984

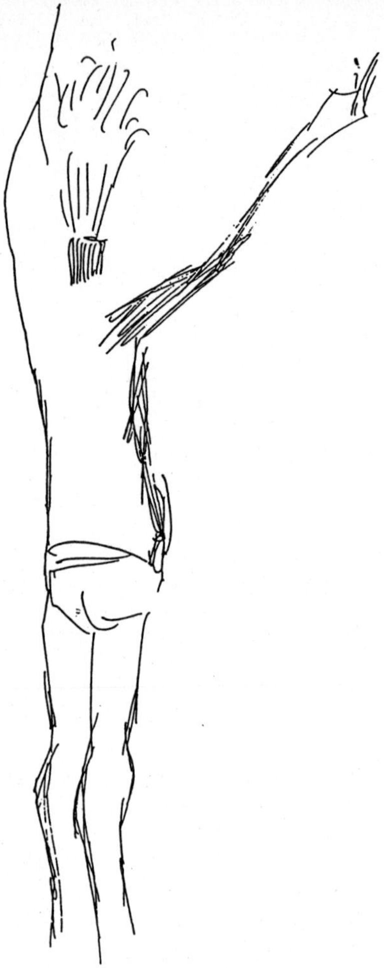

Herbert von Karajan, Großes Festspielhaus Salzburg, 1964

Orchestermusiker

Wiener Philharmoniker, 1961

Probenpause der Berliner Philharmoniker
während der großen Festspiele Salzburg 1962

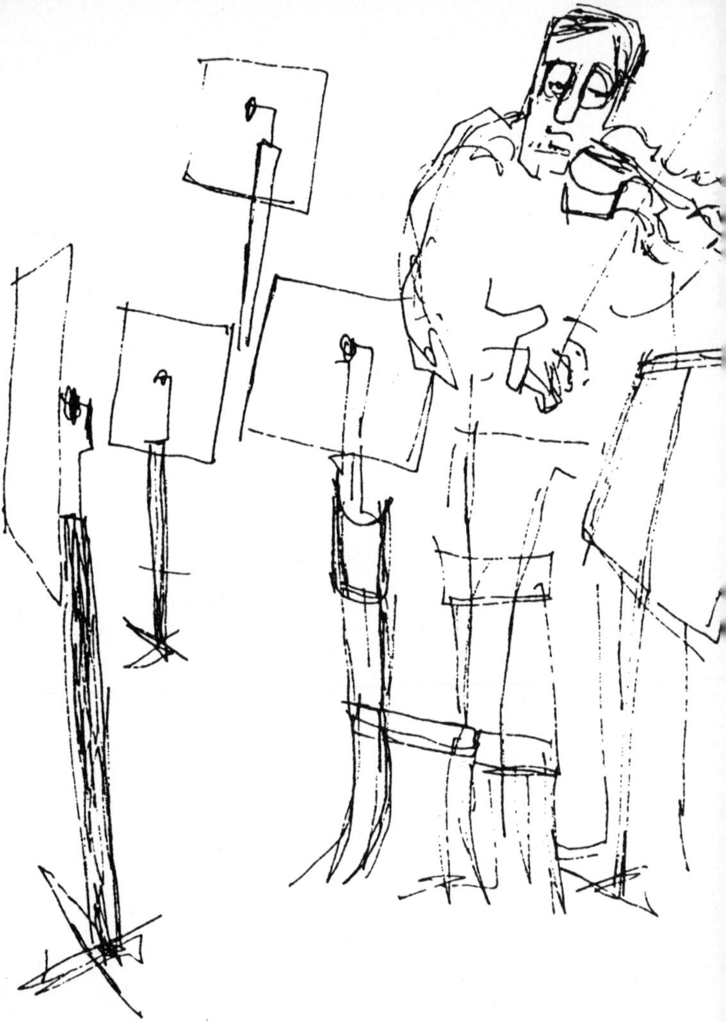

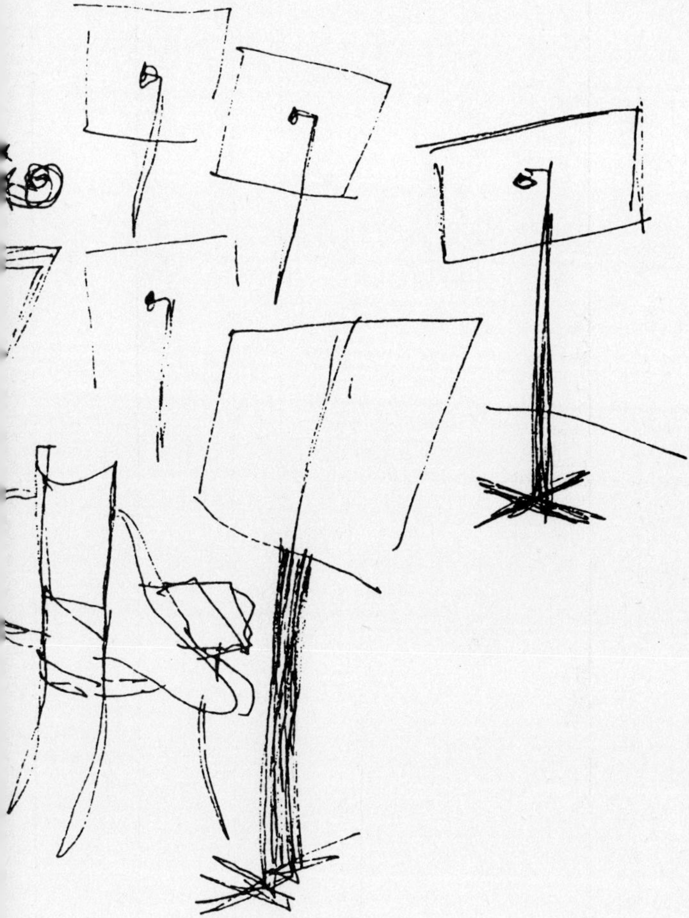

Er probt selbst in der Pause!
Salzburg 1962, Berliner Philharmoniker

Pausengespräch von Wiener Philharmonikern, 1962

Berliner Philharmoniker in Salzburg, 1962

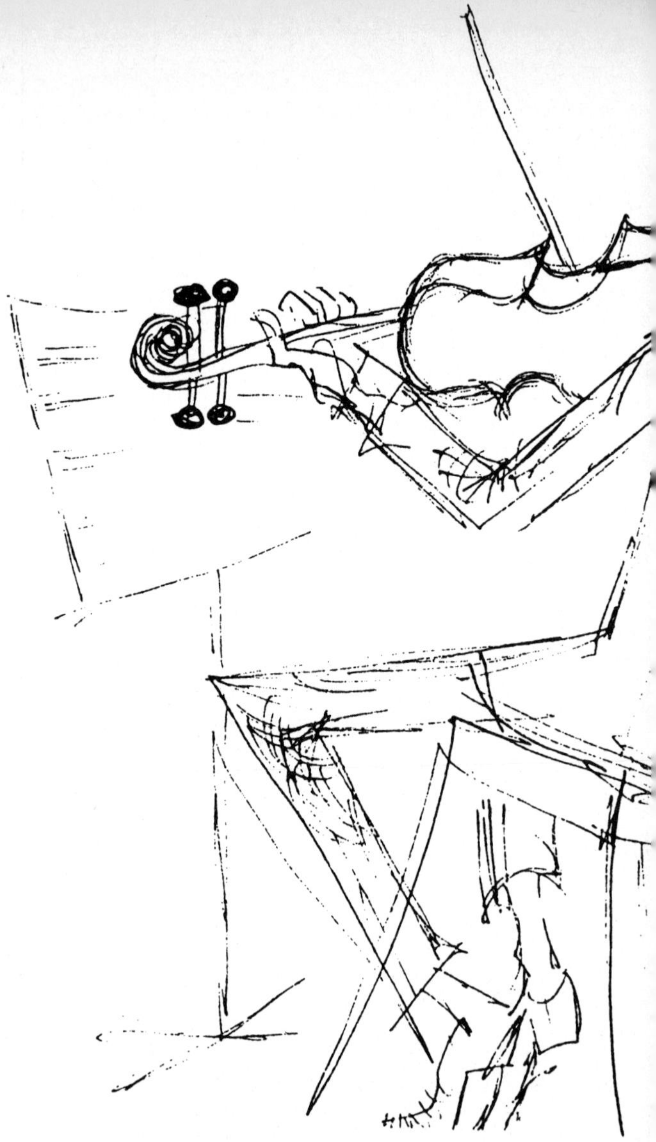

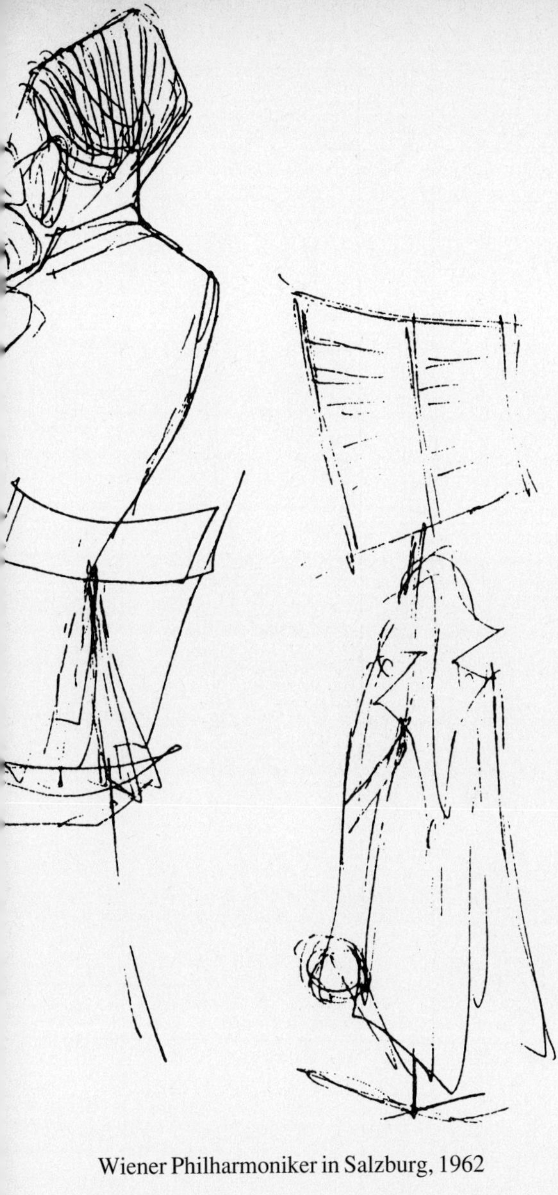

Wiener Philharmoniker in Salzburg, 1962

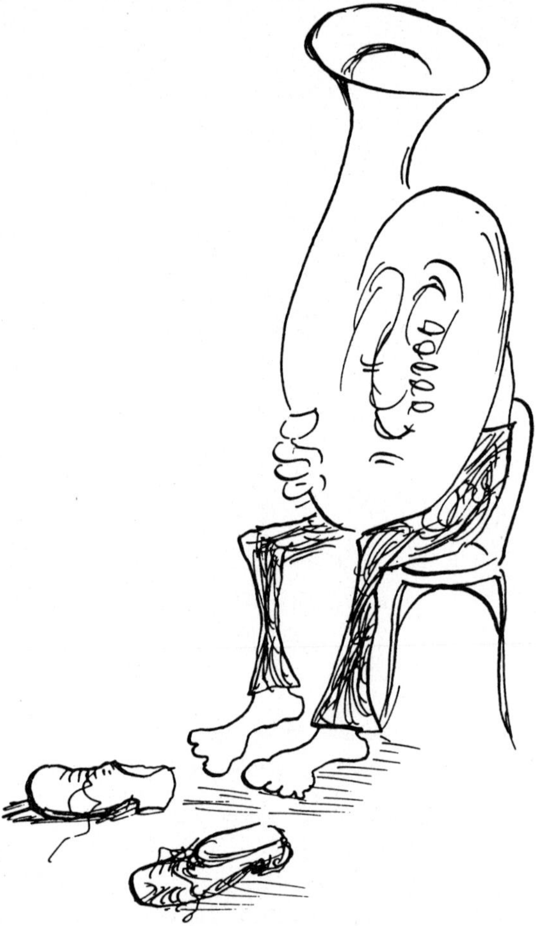

Wiener Philharmoniker, 1969

Sänger

Luciano Pavarotti – Rodolfo,
Mirella Freni – Mimi in Puccinis *La Bohème*,
Wiener Staatsoper 1985

Luciano Pavarotti, Großes Festspielhaus Salzburg, 7.8.1985

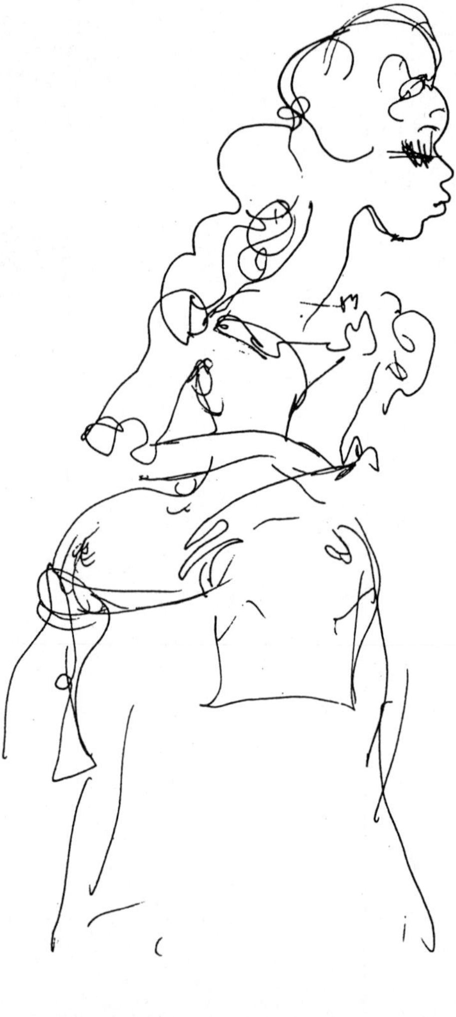

Mirella Freni als Susanne in *Figaros Hochzeit*,
Großes Festspielhaus Salzburg, 1974

Cesare Siepi als Don Giovanni,
Felsenreitschule Salzburg, 24.7.1956

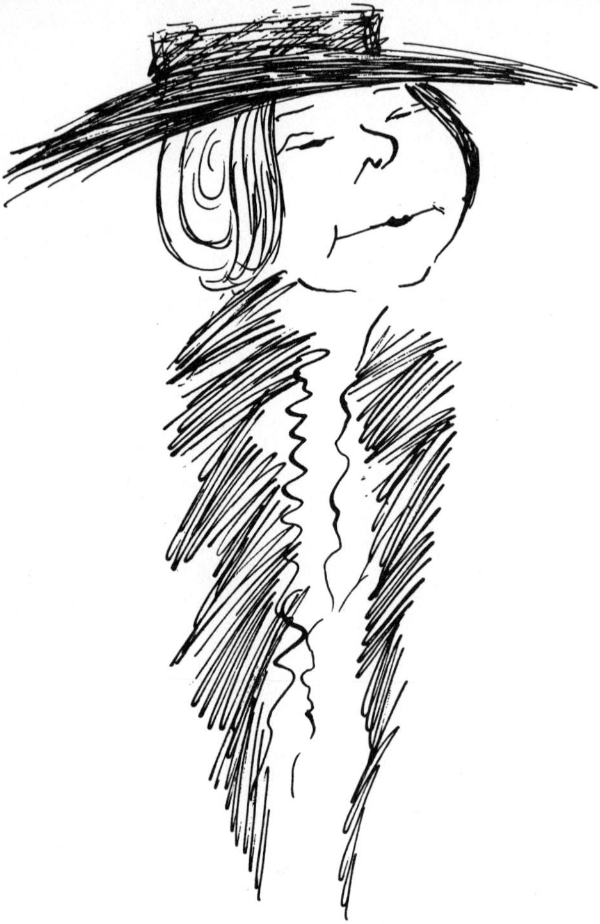

Christa Ludwig in *Der Besuch der alten Dame* (v. Einem) 1970 in Wien

Walter Berry als Musiklehrer in *Ariadne auf Naxos*
(Strauss), Salzburg 1979

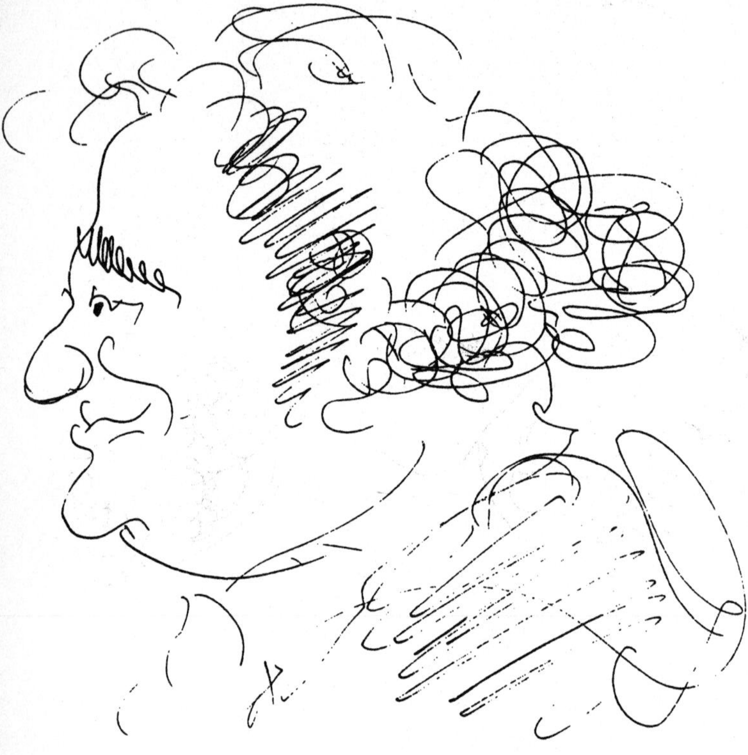

Giuseppe Taddei privat, Salzburger Festspiele 1982

Edita Gruberova als Zerbinetta in *Ariadne auf Naxos* (Strauss), Salzburger Festspiele 1979

Hermann Prey privat, 1968

Hermann Prey als Figaro im *Barbier von Sevilla*,
(Rossini), Salzburger Festspiele 1968

Montserrat Caballé als Madame Cortese in der *Reise nach Reims*, (Rossini), Staatsoper Wien 1988

Agnes Baltsa als Carmen, Salzburg, August 1985

Gundula Janowitz als Marschallin
im *Rosenkavalier* (Strauss), Salzburg 1980

Martti Talvela als Sarastro
in der *Zauberflöte* (Mozart), Salzburg 1982

Jessye Norman,
Salzburger Festspiele 1982

Theo Adam als Baal in *Baal*
(Cerha), Salzburger Festspiele 1982

Nicolai Gedda, Salzburg 1968

Hildegard Behrens
bei einer Pressekonferenz, Salzburg 1978

Elisabeth Schwarzkopf als Marschallin im *Rosenkavalier* (Strauss), Salzburg 1961

Dietrich Fischer-Dieskau als Graf Almaviva in *Figaros Hochzeit* (Mozart), Salzburg, 10.8.1960

Fritz Wunderlich als Belmonte
in der *Entführung aus dem Serail* (Mozart),
Residenz, Salzburger Festspiele, 4.8.1961

Szenen

Papageno mit Papagena, 1987

Kurt Moll als Baron Ochs auf Lerchenau im *Rosenkavalier*, Salzburg 1979

Giuseppe Taddei als Falstaff, Salzburger Festspiele 1982

Szene aus *Il Sant Alessio*, Salzburger Festspiele 1978

Das Sängerpaar aus *Capriccio* (Strauss),
Salzburger Festspiele 1985

Die Puppe Olympia in *Hoffmanns Erzählungen* (Offenbach), Salzburger Festspiele 1982

Dame aus *Figaros Hochzeit* (Mozart),
Salzburger Festspiele 1974

Kurt Rydl als Osmin in *Die Entführung aus dem Serail* (Mozart),
Kleines Festspielhaus Salzburg 1982

„Brillenszene“ aus *Hoffmanns Erzählungen* (Offenbach),
Großes Festspielhaus Salzburg 1982

Szene in Auerbachs Keller aus *Hoffmanns Erzählungen* (Offenbach), Großes Festspielhaus Salzburg 1982

Der kleine Mohr aus dem *Rosenkavalier* (Strauss), 1960

Regie

Harry Kupfer, Salzburg 1986

Johannes Schaaf, Kleines Festspielhaus,
Salzburger Festspiele, 27.7.1987

Maurice Béjart bei einer Pressekonferenz in Salzburg, 8.8.1986

Giorgio Strehler, Kleines Festspielhaus Salzburg, 31.7.1966

George Tabori, Salzburger Universitätskirche, 28.7.1987

Jean-Pierre Ponnelle, Salzburg 1984

Otto Schenk in der Rolle des „Schnoferl“
(Nestroy, *Das Mädl aus der Vorstadt*), Salzburger Festspiele 1989

Staatsoperndirektor Herbert von Karajan
bekommt eine Gewerkschaftsrüge, Wien 1964

Johannes Schaaf und Horst Stein
auf dem Weg zum Salzburger Festspielhaus, 1987